UNE

FEMME AUX CORNICHONS

VAUDEVILLE EN UN ACTE

PAR

MM. SIRAUDIN ET DELACOUR

Représenté pour la première fois à Paris, sur le théâtre des Variétés le 12 mars 1860

PARIS
LIBRAIRIE NOUVELLE
BOULEVARD DES ITALIENS, 15

A. BOURDILLIAT ET Cie, ÉDITEURS

1860

PERSONNAGES

CHAMOUNY, commerçant en grains	MM.	CH. POTIER.
FLAMICHEL		E. THIERRY.
DUTREMPLIN...........................		CH. BLONDELET.
LÉCUYER..............................		J. BOLZE.
BRISEMICHE...........................		MILLAUX.
ARTÉMISE, femme de Chamouny...........	Mlles	BOISGONTIER.
TRONQUETTE, leur domestique...........		MOYSE.

La scène est à Paris, de nos jours.

Toutes les indications sont prises de la gauche à la droite du spectateur. — Les personnages sont inscrits en tête des scènes dans l'ordre qu'ils occupent au théâtre. Les changements de position sont indiqués par des renvois au bas des pages.

UNE FEMME AUX CORNICHONS

Appartement simplement meublé, deux portes au fond ; celle du milieu conduit à l'extérieur, celle de droite à la cuisine. — A droite, troisième plan, une fenêtre ; deuxième plan, une porte ; à gauche, troisième plan, une porte ; deuxième plan, un placard. — Un buffet au fond à gauche. — Une table à manger au milieu. — Fauteuils, chaises.

SCÈNE PREMIÈRE

TRONQUETTE, DUTREMPLIN.

TRONQUETTE, à Dutremplin qui est assis à droite.

Voyons, monsieur Dutremplin, partez...

DUTREMPLIN.

Pour lors que votre bourgeoise ne peut pas me recevoir?

TRONQUETTE.

Puisque je vous répète qu'elle est sortie... Mais elle va rentrer pour déjeuner... Revenez un peu plus tard... Quand elle sera seule...

DUTREMPLIN, se levant.

Fectivement... Faut pas que le mari se doute...

TRONQUETTE.

D'autant plus que depuis qu'il est de retour, je crois qu'il a des soupçons... Hier encore, j'ai cru qu'il allait vous pincer...

DUTREMPLIN.

Bigre de Bigre!... Que je ne le connais pas, ce monsieur Chamouski.

TRONQUETTE.

Chamouny...

DUTREMPLIN.

Mais que je me méfierai...

TRONQUETTE.

Allez-vous-en donc.

DUTREMPLIN.

On s'en va... Mais que j'ai toujours l'histoire de cette lettre sur le cœur.

TRONQUETTE.

Encore...

AIR du *Château perdu.*

C'est une lettre anonyme!

DUTREMPLIN.

Qu'importe!
Si je tenais celui qui l'envoya,
Avec plaisir je l' mettrais à la porte...

TRONQUETTE.

Allons! voyons, pas de ces bêtis's-là.

DUTREMPLIN.

Est-ce ma faut' la colèr' m'anime,
Et n'ai-je pas le droit de m'indigner?
Quand on écrit une lettre anonyme,
On d'vrait avoir le courag' de signer.

(Il passe à gauche.*)

D'autant que l'on m'y parle d'un petit fort de la halle qui vient ici... Et qu'il doit être mon rival.

TRONQUETTE.

Un fort de la halle?... Il en vient dix ici tous les jours... Des grands et des petits.. Monsieur Chamouny fait le commerce des blés et naturellement il ont affaire à lui... Voyons, monsieur Dutremplin, ne soyez pas jaloux.

DUTREMPLIN.

Que j'aurai l'œil au grain... Et que si jamais je rencontre ce bonhomme, je vous le casse en cinq cent mille morceaux.

TRONQUETTE.

C'est ça, vous le casserez... Mais, en attendant, filez... (Ouvrant la porte du fond.) Ah! mon Dieu!... C'est lui!... monsieur Chamouny!...

DUTREMPLIN.

Le mari!

TRONQUETTE, le poussant vers la porte du fond à droite.

Entrez là... dans la cuisine.. Mais dépêchez-vous donc. (Dutremplin entre vivement dans la cuisine.—Tronquette referme la porte au moment où Chamouny paraît.) Il était temps.

SCÈNE II

CHAMOUNY, TRONQUETTE.

CHAMOUNY, entrant par le fond en s'essuyant le front.

Je suis rompu... Tronquette? (Il s'assied près de la table.)

TRONQUETTE.

Monsieur?

* Dutremplin, Tronquette.

CHAMOUNY.

Ma femme est-elle rentrée?

TRONQUETTE.

Qui ça? madame Chamouny?

CHAMOUNY.

Sans doute, je n'en ai pas trente-six.

TRONQUETTE.

Non, monsieur... madame est au marché.

CHAMOUNY, à part.

Au marché... Je t'en fiche... Depuis cinq heures du matin... (Haut.) Alors, le déjeuner n'est pas prêt?

TRONQUETTE.

Non, monsieur... madame a dit qu'elle le rapporterait.

CHAMOUNY.

Ah! très-bien!... Nous avons causé bifteck hier... et je suppose... Va faire sauter les pommes de terre, en attendant.

TRONQUETTE.

C'est que madame...

CHAMOUNY, se levant.

Madame, quoi?... Tiens, je vas aller les éplucher moi-même. (Il se dirige vers la porte de la cuisine.)

TRONQUETTE, se précipitant devant la porte.

C'est inutile!... Pardine!... je saurai bien les éplucher toute seule.

CHAMOUNY.

Alors, va.

TRONQUETTE.

Je vas, monsieur, je vas... (A part.) Eh bien! merci... entrer dans ma cuisine. (Elle entre dans la cuisine.)

SCÈNE III

CHAMOUNY, seul.

Cette course m'a horriblement creusé... et ma femme qui n'est pas encore rentrée... c'est bien singulier tout de même... Il y a trois mois, mon commerce de marchand de grains à la halle au blé m'oblige à partir pour l'Orient... pas Lorient... département du Morbihan... l'Orient... département du Bosphore, un pays superbe... et des femmes!... oh! des femmes magnifiques et potelées... on dirait les statues de la place de la Concorde... j'étais émerveillé... Je reviens à Paris, l'esprit troublé par toutes sortes d'idées... orientales... je m'attendais à retrouver ma femme bonne, douce... aimable comme autrefois... eh bien! non!... elle était affreusement changée au moral... car, au physique, Arthémise était encore embellie... Elle est très-belle, ma femme... beaucoup plus belle femme que moi !... non !... beaucoup plus belle homme que moi... non !... mais elle a profité de mon absence pour devenir quinteuse... maussade... sans compter que, depuis mon retour, il y a du louche dans son existence... Evidemment elle me cache quelque chose... Ces promenades qu'elle va faire le matin, aussitôt que j'ai quitté le lit conjugal.... ça m'intrigue !... aujourd'hui, je l'ai suivie,... je la vois sortir, son panier sous le bras... je me dis : bon ! elle va au marché... Nous allons tourner rue Saint-Honoré... et aller tout droit jusqu'à la halle... Pas du tout, elle prend par les Champs-Elysées... Arrivée à l'arc de triomphe... elle en fait trois fois le tour... je me dis : elle attend quelqu'un, je vais la pincer... Pas du tout, elle se remet en route, toujours son panier sous le bras,... et elle prend l'avenue de Neuilly... jusqu'au pont... Elle s'arrête... Je me dis une seconde fois : elle attend quelqu'un... je vais la pincer... Eh bien, non ! Elle regarde couler la Seine. Pourquoi diable regardait-elle couler la Seine ?... ça n'est pas clair... Puis, elle se remet en route... toujours son panier sous le bras... moi, j'étais moulu... je suis monté dans un omnibus... et me voilà !... Certainement, il y a quelque chose... Et si Artémise me trompait... Oh !...

SCÈNE IV

CHAMOUNY, TRONQUETTE, puis ARTÉMISE.

TRONQUETTE, sortant de la cuisine.

Monsieur, v'là madame qui rentre.

CHAMOUNY.

Enfin !

TRONQUETTE.

Je viens de l'apercevoir qui tournait au coin de la rue...

CHAMOUNY.

As-tu épluché les pommes de terre ?

TRONQUETTE.

Oui, monsieur.

CHAMOUNY.

Très-bien. (A part.) Possédons-nous, soyons finaud.

ARTÉMISE, entrant par le fond, son panier sous le bras.

Ouf ! je n'en puis plus...

CHAMOUNY.

Bonjour, bobonne...

ARTÉMISE.

Bonjour, bonjour... (A Tronquette.) Débarrassez-moi donc... prenez ce panier.

TRONQUETTE.

Oui, madame. (Elle place le panier sur la table, pendant qu'Artémise quitte son châle et son chapeau, qu'elle pose sur une chaise.)

CHAMOUNY, fouillant dans le panier. *

Ah! ah! tu reviens du marché!... Ton panier a l'air bien lourd... Qu'est-ce que tu nous apportes de bon?

ARTÉMISE.

Des épinards et des harengs...

CHAMOUNY.

Des harengs! encore des harengs...

ARTÉMISE.

C'est la saison, il faut en profiter.

CHAMOUNY.

Il faut en profiter, sans doute... mais c'est que voilà près d'un mois que nous en profitons tous les jours... (Fouillant toujours.) Pas le moindre bifteck.

ARTÉMISE.

Des biftecks... pourquoi faire?... puisqu'il y des harengs... d'ailleurs, la viande est encore augmentée.

CHAMOUNY, fouillant toujours.

Ah! mon Dieu!

ARTÉMISE.

Quoi donc?

CHAMOUNY, retirant un poids de cinquante livres du panier.

Qu'est-ce que c'est que ça? (Il le pose sur la table).

ARTÉMISE, à part.

Ah! diable! (Haut.) Vous le voyez bien, c'est un poids...

CHAMOUNY.

Un poids? ce n'est pourtant pas la saison des...

TRONQUETTE, échangeant des signes d'intelligence avec Artémise.

Je vas vous dire, monsieur, c'est moi qui avais prié madame de m'acheter un poids...

ARTÉMISE, vivement.

Pour peser le pain...

CHAMOUNY, retirant deux flûtes de pain du panier.

AIR de *l'Écu de six francs*.

Expliquez-moi donc la présence
De ce gros poids accusateur?
Vous l'aurez sur la conscience;
Il est d'une assez bell' grosseur,
Il doit cacher quelque noirceur.
Pour peser les viandes, les vivres,
J' comprends les poids, mais, entre nous,
Pour peser des flût's de deux sous,
A quoi sert un poids d' cinquante livres?

(Tronquette met le poids à terre contre le buffet.)

ARTÉMISE.

Ça ne vous regarde pas, Tronquette, emportez tout cela, et préparez le déjeuner.

* Chamouny, Tronquette, Artémise.

TRONQUETTE, prenant le panier.

Oui, madame. (Bas à Artémise.) Madame, monsieur Dutremplin est là...

ARTÉMISE, bas.

Déjà... qu'il attende.

CHAMOUNY, la voyant parler bas.

Hein... quoi?

ARTÉMISE.

Rien... je disais à Tronquette de mettre beaucoup de moutarde dans la sauce.

ENSEMBLE.

AIR :

ARTÉMISE et TRONQUETTE.	CHAMOUNY.
Cachons notre embarras : Du silence Et de la prudence ! Cachons notre embarras : Surtout, ne nous trahissons pas.	Voyez leur embarras : Du silence Et de la prudence ! Voyez leur embarras : Surtout, ne nous trahissons pas.

(Tronquette entre dans la cuisine en emportant le panier. Artémise va mettre son chapeau et son châle dans le placard à gauche.)

SCÈNE V

ARTÉMISE, CHAMOUNY, puis TRONQUETTE.

CHAMOUNY, à part.

Finassons. (Haut.) Dis donc, bobonne...

ARTÉMISE.

Après?

CHAMOUNY.

A quelle heure es-tu sortie ce matin ?

ARTÉMISE.

Mais dame ! comme à l'ordinaire... à neuf heures... neuf heures et demie.

CHAMOUNY, à part.

Voyez-vous... voyez-vous... (Haut.) C'est que, tout à l'heure, à la halle aux blés, j'ai vu Pitanchard... tu sais bien, mon ami Pitanchard...

ARTÉMISE.

Eh bien?

CHAMOUNY, à part.

Finassons toujours. (Haut.) Il m'a dit qu'il croyait t'avoir aperçue, vers sept heures, tout en haut, tout en haut des Champs-Élysées.

ARTÉMISE, à part.

Aïe !... aïe !...

CHAMOUNY.

A l'arc de triomphe de l'Étoile.

ARTÉMISE.

Il a mal vu...

CHAMOUNY.

Il m'a même assuré que tu avais fait trois fois le tour de ce monument...

ARTÉMISE.

Me prend-il pour un cheval de manége? Votre ami Pitanchard est... un imbécile.

CHAMOUNY.

C'est ce que je lui ai dit... C'est comme Chapoulot... Tu sais bien, Chapoulot le meunier de Ville-d'Avray?...

ARTÉMISE.

Eh bien?...

CHAMOUNY.

En passant sur le pont de Neuilly... il a cru te voir...

ARTÉMISE, troublée.

Moi...

CHAMOUNY.

Accoudée sur le parapet... et regardant couler l'eau de la rivière.

ARTÉMISE.

En voilà une bêtise!... Je vais me lever à cinq heures du matin pour aller voir couler la rivière... Votre ami Chapoulot est un imbécile... Tous vos amis sont des imbéciles.

CHAMOUNY, éclatant et frappant sur la table.

Ah! c'est trop fort, madame!... Tous mes amis ne sont point ce que vous dites, vous avez été à Neuilly... On vous y a vue...

ARTÉMISE, avec aplomb.

Eh bien! oui, j'y suis allée.

CHAMOUNY.

Et pourquoi, s'il vous plaît?

ARTÉMISE.

Pourquoi?... pourquoi?... Parce que c'était jour de marché.

CHAMOUNY.

Allons, bon!... vous allez au marché à Neuilly.

ARTÉMISE.

Pourquoi pas? — Ça me promène... et puis, les épinards y sont moins chers.

CHAMOUNY.

Madame... une femme qui se respecte ne va pas acheter des épinards à Neuilly.

ARTÉMISE, passant à droite.*

Ah! laissez-moi tranquille... vous êtes un ingrat! (Avec émo-

* Chamouny, Artémise.

tion.) On a des prévenances pour monsieur... on fait deux lieues pour aller chercher ce qu'il aime... et voilà comme il vous reçoit.

CHAMOUNY, à part.

Au fait, puisqu'elle avait son panier sous le bras, c'est qu'elle allait au marché. (Haut.) Voyons, bobonne... calme toi... je me suis laissé emporter... j'ai eu tort.

ARTÉMISE.

Anatole, vous n'êtes pas gentil.

TRONQUETTE, sortant de la cuisine.*

Le déjeuner va être prêt dans un quart d'heure. (Elle met le couvert.)

CHAMOUNY.

Très-bien... je vais m'habiller en gris pour aller au marché à la farine... Embrasse-moi...

ARTÉMISE, l'embrassant.

Vous ne le méritez guère.

CHAMOUNY, à part

C'est égal... il y a du louche. (Il entre à gauche.)

SCÈNE VI

TRONQUETTE, ARTÉMISE, puis, et successivement, DUTREMPLIN, LÉCUYER, BRISE-MICHE et CHAMOUNY.

ARTÉMISE, à Tronquette, qui met le couvert.

N'oublie pas les cornichons.

TRONQUETTE, les posant sur la table.

Les voilà, madame.

DUTREMPLIN, montrant sa tête à la porte de la cuisine.**

Est-il parti ?

ARTÉMISE, vivement.

Pas encore... cachez-vous. (Dutremplin disparaît.)

CHAMOUNY, rentrant.***

Hein? quoi? qu'est-ce qu'il y a?

ARTÉMISE.

Rien, mon ami, rien.

CHAMOUNY.

J'avais cru entendre... (Il rentre à gauche. — Au même instant Lécuyer entrouvre la porte de droite.)

LÉCUYER. ****

Êtes-vous seule ?

* Tronquette, Chamouny, Artémise.
** Tronquette, Dutremplin, Artémise
*** Chamouny, Tronquette, Artémise.
**** Tronquette, Artémise, Lécuyer.

ARTÉMISE, effrayée.

Non... revenez dans une heure. (Lécuyer disparaît.)

CHAMOUNY, rentrant.*

Hein?... quoi?... qu'est-ce?...

ARTÉMISE.

Rien, mon ami.

CHAMOUNY.

J'ai entendu : Revenez dans une heure.

ARTÉMISE, embarrassée.

C'est... c'est...

TRONQUETTE.

C'est le frotteur... Madame lui disait de revenir dans une heure... (Chamouny rentre, Brise-Miche entrouvre la porte du fond et montre sa tête.)

BRISE-MICHE.**

Peut-on entrer ?

ARTÉMISE, vivement.

Non... mon mari est là.

TRONQUETTE.

Revenez dans deux heures... (Elle pousse vivement la porte. — Brise-Miche disparaît. — Au même instant Chamouny rentre.)

CHAMOUNY.***

Ah ! cette fois, j'ai entendu.

ARTÉMISE.

Oui, mon ami... oui, c'est le porteur d'eau...

TRONQUETTE.

Oui, monsieur... oui... c'est le porteur d'eau... Madame lui disait que vous étiez là.

ARTÉMISE.

Et Tronquette l'engageait à revenir dans deux heures.

CHAMOUNY, à part.

Il y a quelque chose... bien sûr il y a quelque chose. (Il rentre à gauche. — Artémise va à la porte, pour s'assurer qu'il est bien parti.)

SCÈNE VII

ARTÉMISE, TRONQUETTE.

TRONQUETTE.

Il m'a fait une frayeur !...

ARTÉMISE.

Nous sommes seules... Tronquette, as-tu ton mètre ?

* Chamouny, Tronquette, Artémise.
** Tronquette, Brise-Miche, Artémise.
*** Chamouny, Tronquette, Artémise.

TRONQUETTE, prenant un mètre dans la poche de son tablier.

Oui, madame, le v'là.

ARTÉMISE, levant les bras.

Vas-y (Pendant que Tronquette lui mesure la taille.) Combien y a-t-il que tu m'as mesurée?

TRONQUETTE.

Quinze jours, madame.

ARTÉMISE.

Quinze jours...je dois avoir maigri...

TRONQUETTE.

Sans doute... (Regardant le mètre.) Ah ! mon Dieu!

ARTÉMISE.

Quoi donc?... j'ai diminué.

TRONQUETTE, avec embarras.

Certainement, madame... de... de... trois centimètres.

ARTÉMISE.

Trois centimètres... pas plus... Tu as mal mesuré... (Prenant le mètre.) Donne... (Elle mesure sa taille elle-même.)

TRONQUETTE, embarrassée.

De trois à quatre... peut-être cinq...

ARTÉMISE, regardant la mesure.

Mais non... j'ai engraissé...

TRONQUETTE.

Je n'osais pas le dire à madame.

ARTÉMISE, jetant le mètre avec fureur.

Trois centimètres en quinze jours!... mais c'est désespérant.

AIR de *Madame Favart.*

La nature, envers moi prodigue,
Dans ses bienfaits ne s'arrêt'ra donc point?
Comment opposer une digue
A ce trop funeste embonpoint?
De limiter les flots, dans leur délire,
La Providence autrefois a pris soin;
Pourquoi ne peut-on pas me dire,
Comme à la mer : Tu n'iras pas plus loin?
Oui, je voudrais qu'on pût aussi me dire,
Comme à la mer : Tu n'iras pas plus loin.

(Elle se promène avec fureur.)

TRONQUETTE.*

Faut pas vous décourager, madame... Monsieur Dutremplin, votre professeur de gymnastique, dit comme ça qu'avant deux mois, tout ça fondra...

ARTÉMISE, avec agitation.

Ça fondra!... ça fondra!... mais, en attendant, ça ne fond pas, ma taille s'en va! (Elle passe à gauche.)

* Tronquette, Artémise.

TRONQUETTE.*

Il dit surtout, qu'en continuant à prendre, tous les jours, des leçons de danse... et d'escrime...

ARTHÉMISE.

Ça me sert à grand'chose... Je fais, tous les matins, deux lieues à pied... mon panier sous le bras... un panier qui pèse cinquante livres... je lève des poids toute la journée... je me nourris de harengs et de cornichons... je devrais être sèche comme un parchemin... (Repassant à droite.) Eh bien! tu vois... trois centimètres en quinze jours!... mais la science n'est donc qu'un vain mot!... (Tirant un livre de sa poche.) Mais ce traité de l'embonpoint n'est donc qu'un affreux bouquin? (Elle repasse à gauche.)

TRONQUETTE.**

Ça, c'est vrai, que madame ne mange pas beaucoup.

ARTÉMISE.

Je finirai par ne plus manger du tout.

TRONQUETTE.

Même que monsieur n'est pas très-content de son régime... C'est lui qui maigrit, le pauvre cher homme.

ARTÉMISE.

Il ne connaît pas son bonheur... et si ça continue, Anatole peut-être ne m'aimera plus. (Elle revient à droite).

TRONQUETTE.***

Monsieur préfère donc les femmes maigres?

ARTÉMISE.

Je ne l'ai jamais questionné là-dessus... Ce que je sais, c'est que, quand monsieur Chamouny m'a épousée, il y a dix ans... il était amoureux fou de moi, et alors... j'étais mince, fluette, diaphane... comme une bougie! (Faisant le cercle avec ses doigts). Je tenais là-dedans... C'est au point que, quand je valsais, on n'osait pas me serrer la taille, de peur de me casser.

TRONQUETTE.

Vraiment, madame?

ARTÉMISE.

Aujourd'hui, la valse m'est interdite.

TRONQUETTE.

Ce qui n'empêche pas madame de faire encore des conquêtes... et des fameuses... Témoin ce pauvre jeune homme.

ARTÉMISE.

Il est venu?

TRONQUETTE.

Non, madame, mais il viendra, bien sûr!

* Artémise, Tronquette.
** Tronquette, Artémise.
*** Artémise, Tronquette.
**** Tronquette, Artémise.

ARTÉMISE.

Tu le flanqueras à la porte.

TRONQUETTE.

Oh ! madame...

ARTÉMISE.

Un petit monsieur qui, depuis le jour où il m'a rencontrée au Marché aux fleurs, s'obstine à vouloir me faire accepter un bouquet...

TRONQUETTE.

Ça, c'est vrai qu'il est crânement têtu... Il rendrait des points... (Voyant Flamichel entrer par le fond, un bouquet à la main.) Oh ! madame, le v'là !

SCÈNE VIII

LES MÊMES FLAMICHEL, puis CHAMOUNY,

ARTÉMISE.*

Encore vous, monsieur !

FLAMICHEL.

Oui, madame. (A part.) La superbe femme. (Haut.) Permettez donc que je vous offre...

ARTÉMISE.

Mais non, monsieur, sortez d'ici !

FLAMICHEL.

Pas avant que vous ayez accepté...

ARTÉMISE.

Mais mon mari est là !...

FLAMICHEL.

Ça m'est égal !

ARTÉMISE.

Mais il vous tuera !

FLAMICHEL.

Ça m'est égal !

ARTÉMISE.

Monsieur, allez-vous en... ou je crie au voleur... et je vous fais arrêter !

FLAMICHEL.

Oh ! mes papiers sont en règle.,. Flamichel Junior... trente-troisième d'agent de change... très-connu sur la place !...

CHAMOUNY, en dehors.

Tronquette !

* Tronquette, Flamichel, Artémise.

ARTÉMISE

Vous allez me perdre ! (En poussant rudement Flamichel vers le fond, en dehors.) Mais sortez donc!...

FLAMICHEL.

Je reviendrai, madame, je reviendrai ! (Il sort par le fond.)

ARTÉMISE.

Mais non, monsieur ! (Voyant entrer Chamouny.) Oh !

CHAMOUNY, venant de la gauche.

Hein !... quoi ?

ARTÉMISE.

Rien... mon ami... Je disais à Tronquette de nous servir à déjeuner. (Tronquette sort par la cuisine.)

SCÈNE IX

CHAMOUNY, ARTÉMISE, puis TRONQUETTE.

CHAMOUNY, en paletot gris.

Mettons-nous à table... J'ai un appétit du diable... Tu dois avoir faim aussi... Cette petite promenade à Neuilly... (Il se met à table.)

ARTÉMISE.

J'ai mangé en route... je ne déjeunerai pas.

CHAMOUNY.

Comment ! tu vas me laisser déjeuner seul ?

ARTÉMISE

Je mangerai quelques cornichons, pour vous tenir compagnie. (Elle s'assied en face de son mari.)

CHAMOUNY, étonné

Des cornichons !

ARTÉMISE.

C'est excellent !

CHAMOUNY.

Sans doute... avec le bœuf et les côtelettes... mais, n'ayant ni bœuf ni côtelettes...

TRONQUETTE, apportant les plats. *

Voilà les harengs et les épinards. (Elle les pose sur la table.)

CHAMOUNY, à lui-même.

J'aurais mieux aimé un bifteck... mais enfin... (Haut.) Apporte aussi les pommes de terre.

ARTÉMISE.

Des pommes de terre... qui est-ce qui a commandé des pommes de terre?

* Chamouny, Tronquette, Artémise.

CHAMOUNY.

Eh bien? c'est moi...

ARTÉMISE, à Tronquette.

Je vous défends de les servir... (A part.) Des farineux sur ma table, jamais!...

CHAMOUNY.

Mais pourquoi ?

ARTÉMISE.

Pourquoi?... pourquoi? Parce que les pommes de terre sont malades !

CHAMOUNY.

Pas celles-là !

ARTÉMISE.

Elles peuvent l'être.

CHAMOUNY.

Mais tu les adores !

ARTÉMISE.

C'est pour cela que je ne peux pas en voir... Si je les voyais, j'en mangerais, et comme je ne veux pas en manger, je ne veux pas les voir.

CHAMOUNY, à lui-même.

Quel drôle de raisonnement !

ARTÉMISE.

Donnez-moi le bocal de cornichons! (Tronquette va prendre un bocal dans le buffet.)

CHAMOUNY.

Encore !

ARTÉMISE.

Je vous laisse manger ce qui vous plaît.

CHAMOUNY.

Ce qui me plaît... ce qui me plaît...

TRONQUETTE, posant le bocal sur la table.

Voilà, madame. (Artémise le place sur ses genoux et se met à croquer des cornichons.)

CHAMOUNY.

Eh bien! non!... tu vas te faire du mal. (Se levant et cherchant à lui enlever le bocal.) Je ne veux pas que tu en manges davantage.

ARTÉMISE.

Voulez-vous bien finir!... lâchez-ça, où je vous mords!

CHAMOUNY, lâchant le bocal.

Mais, bobonne!

ARTÉMISE.

Puisque je vous dis que j'ai envie de manger des cornichons.

CHAMOUNY.

Tu as envie... tu as envie... (Se rasseyant.) Ah! mon Dieu!

quelle idée! le ciel aurait-il enfin béni notre union?... (Haut, avec douceur.) Mange, ma poule, mange, si ça te fait plaisir.

ARTÉMISE, tenant toujours son bocal sur ses genoux.

Ce n'est pas malheureux!

CHAMOUNY, à part.

Je ne veux pas que mon fils ait un cornichon sur le nez... (Haut.) En revenant, je t'en apporterai un autre bocal!

ARTÉMISE.

C'est inutile... j'en ai acheté six.

CHAMOUNY, à part.

Je m'explique maintenant ses mouvements d'humeur... ses goûts bizarres... (Haut.) Mange, bobonne... Dis donc, si nous allions dîner à Saint-Cloud?

ARTÉMISE.

Nous y sommes allés dimanche.

CHAMOUNY.

C'est précisément pour ça... c'est très-gai la fête de Saint-Cloud... Figure-toi que, pendant que tu montais à la lanterne, je me suis amusé à essayer mes forces... sur la tête d'un Turc... tu sais bien... j'ai amené soixante.

TRONQUETTE, venant à la droite de Chamouny. *

Soixante... c'est pas fameux... j'ai un pays à moi qui amène toujours 500.

CHAMOUNY.

J'ai vu aussi un particulier qui amenait 500 à tous coups... un gaillard superbe! une fois même, il a cassé la tête au Turc... Veux-tu que nous y retournions?

ARTÉMISE.

A pied!... je le veux bien!

CHAMOUNY.

Oh! à pied!

ARTÉMISE.

Alors, je n'y vais pas... D'ailleurs, j'attends quelqu'un.

CHAMOUNY.

Qui ça?

ARTÉMISE.

La blanchisseuse.

CHAMOUNY.

La blanchisseuse?... mais ce n'est pas son jour.

ARTÉMISE.

Ça ne fait rien... je l'attends! Il faut même que vous vous dépêchiez... de partir. (Se levant.) Tronquette...

TRONQUETTE, venant derrière la table.**

Madame?...

* Tronquette, Chamouny, Artémise.
** Chamouny, Tronquette, Artémise.

ARTÉMISE.

Enlève le couvert.

TRONQUETTE.

Oui, madame. (Elle dessert.)

CHAMOUNY.

Mais, c'est que je n'ai pas fini.

ARTÉMISE.

Vous avez assez mangé... Il est midi... On vous attend à la halle aux blés.

CHAMOUNY, se levant, à part.

Elle veut m'éloigner... Il y a quelque chose... (Haut.) J'y vais, ma poule, le temps de prendre quelques papiers!...

ARTÉMISE.

A la bonne heure; mais dépêchez-vous.

CHAMOUNY, à part.

Je la gêne, c'est clair!... (Haut.) J'y vais, ma minette, j'y vais! (Il sort par la gauche.)

SCÈNE X

TRONQUETTE, ARTÉMISE.

ARTÉMISE, indiquant la cuisine.

Il est toujours là?

TRONQUETTE, enlevant le couvert.

Monsieur Dutremplin?... oui, madame.

ARTÉMISE.

Il doit s'impatienter.

TRONQUETTE.

Oh! je lui ai donné des pommes de terre à l'huile... ça le distrait.

ARTÉMISE, s'asseyant dans un fauteuil et tirant un livre de sa poche.

Soigne-le bien.

TRONQUETTE.

Oh! oui, madame! un futur, faut en avoir soin...

ARTÉMISE.

C'est juste! Tu dois l'épouser! (Lisant.) « Parmi les causes de » l'embonpoint chez la femme, une des plus fréquentes et des » plus méconnues est certainement le bonheur conjugal. » (S'arrêtant.) Comment... le bonheur conjugal?

TRONQUETTE.

Mais, oui, madame, le bonheur en ménage.

ARTÉMISE.

Ça engraisse?

TRONQUETTE.

Je le crois bien! Tenez, l'autre jour, j'ai rencontré madame Canifet... l'ancienne concierge, qui s'est mariée avec le domestique du second. « Ah! mon Dieu! madame Canifet, que je » lui ai dit, comme vous v'là forte! » Ça c'est vrai qu'elle est énorme! « C'est mon mariage qu'en est cause, qu'elle m'a répondu. »

ARTÉMISE.

Son mariage?

TRONQUETTE.

Écoutez donc... un mari qui vous soigne, qui vous dorlote, qui vous embrasse...

ARTÉMISE.

Comment! tu crois?

TRONQUETTE.

Mais certainement... Monsieur Dutremplin me l'a dit aussi... Vous verrez, qu'il me répète toujours, quand nous serons mariés comme vous engraisserez!

ARTÉMISE, voyant entrer Chamouny et se levant.

Mon mari... tais-toi. (Tronquette porte la table au fond et rentre dans la cuisine.)

SCENE XI

CHAMOUNY, ARTÉMISE.

CHAMOUNY, à part, venant de la gauche.)

Après ça, dans sa position, je sais qu'il faut excuser bien des choses.

ARTÉMISE.

Partez donc, monsieur Chamouny!

CHAMOUNY.

Je pars, ma moumoute, je pars... mais je rentrerai de bonne heure.

ARTÉMISE.

C'est inutile... faites vos affaires...

CHAMOUNY.

Vois-tu, jusqu'à ce jour, j'ai certainement été un bon mari... mais maintenant je veux être le modèle des époux... Je te soignerai, je te dorloterai...

ARTÉMISE.

Je n'ai pas besoin d'être soignée, dorlotée.

CHAMOUNY.

Embrasse-moi.

ARTÉMISE.

Pourquoi faire?

CHAMOUNY.

Comment, pourquoi faire? mais pour me faire plaisir... et puis, parce que je m'en vais.

ARTÉMISE.

Vous pouvez bien vous en aller sans ça... c'est vrai que vous êtes toujours à m'embrasser... c'est bourgeois... c'est épicier.

CHAMOUNY.

C'est épicier d'embrasser sa femme?

ARTÉMISE.

Sans doute, après dix ans de mariage.

CHAMOUNY.

Dix ans!... dix ans!... mais, puisque je t'aime toujours!... Je ne suis pas comme Chapoulot, qui, dès sa seconde année de ménage, vivait à droite, pendant que sa femme vivait à gauche.

ARTÉMISE.

Il avait raison... et désormais vous ferez comme lui. Je vais donner des ordres à Tronquette... (Appelant). Tronquette!

CHAMOUNY.

Mais pourquoi faire donc?

ARTÉMISE.

D'abord, j'aime à me lever quand je veux... Tronquette!

CHAMOUNY, effrayé.

Chambre à part!... jamais!

ARTÉMISE.

C'est ce que nous verrons. Mais partez donc, monsieur Chamouny... mais partez donc!

CHAMOUNY.

Je pars, madame, je pars. (A part.) Finassons toujours... j'ai mon idée. (Haut.) Je pars, madame, je pars.

ENSEMBLE.

AIR de *la Polka des fleurs.*

ARTÉMISE.

Vraiment,
Tant d'amour devient un tourment.
De votre tendresse
M'accabler sans cesse!
Sachez qu'un mari n'est pas un amant.
Tant d'amour est un tourment!

CHAMOUNY.

Vraiment,
Tout cela devient alarmant.

Quoi! de ma tendresse
Se priver sans cesse!
Pourquoi, quand j'ai tout l'amour d'un amant,
Me causer pareil tourment?

(Chamouny sort par le fond. Tronquette est sortie de la cuisine sur la fin de l'ensemble.)

SCÈNE XII

ARTÉMISE, TRONQUETTE, puis LÉCUYER.

ARTÉMISE, à Tronquette.

Fais entrer monsieur Dutremplin.

TRONQUETTE.

Oh! je vais vous dire, madame, c'est qu'il est parti.

ARTÉMISE.

Pourquoi donc?

TRONQUETTE.

Oh! mais il reviendra!... Ne s'avise-t-il pas d'être jaloux!... et tout ça pour une méchante lettre anonyme, où on lui dit qu'un petit fort de la halle me fait la cour.

(On frappe à la porte de droite.)

ARTÉMISE.

On frappe!

TRONQUETTE, ouvrant.

C'est monsieur Lécuyer... le professeur de danse de madame.

ARTÉMISE.

Entrez, monsieur Lécuyer.

LÉCUYER, à la porte. *

Vous voulez que je revienne un peu plus tard?

TRONQUETTE, criant.

On vous dit d'entrer!... (A part.) Il est sourd comme une marmite!

LÉCUYER. (Il entre tout à fait et salue.) **

Belle dame!

ARTÉMISE.

Je suis fatiguée... nous supprimerons les jetés-battus... n'est-ce pas?

LÉCUYER.

Un temps superbe... Oui, madame... Il y a beaucoup de monde sur les boulevards.

* Artémise, Tronquette, Lécuyer.
** Artémise, Lécuyer, Tronquette.

ARTÉMISE.

Animal!... brute! crétin!

LÉCUYER.

Je vous remercie... ma femme ne va pas mal.

ARTÉMISE.

Allons, allons, commençons par une redowa.

LÉCUYER.

La schotisch... très-bien...

TRONQUETTE, criant.

On vous dit une rédowa.

LÉCUYER.

La polka... parfait!

ARTÉMISE.

Enfin, va pour la polka!

LÉCUYER.

J'y suis!... Ah!... attendez que je tire ma pochette... (Il tire de sa poche une pochette.) Nous disons une polka!... (Il joue une polka.) Une, deux.

ARTÉMISE, polkant.

Tronquette?

TRONQUETTE.

Si j'apprenais en même temps que madame.

ARTÉMISE.

Comme vous voudrez. (Elles se mettent toutes deux à polker.) Ah! à propos... vous passerez chez la modiste... qu'elle vienne demain.

TRONQUETTE.*

Oui, madame... (En polkant.) Madame n'a pas oublié que nous n'avons pas compté depuis deux jours.

ARTÉMISE, polkant toujours.**

Tiens! c'est vrai! voyons vos dépenses...

TRONQUETTE, polkant.

Pain de quatre livres... dix-huit sous.

ARTÉMISE, de même.

Bien!

LÉCUYER.

Très-bien! (Il se laisse aller à un mouvement et polke. — La porte du fond s'ouvre et Chamouny paraît.)

ARTÉMISE et TRONQUETTE.

Ah! (Elles poussent un cri et se sauvent, Artémise à gauche et Tronquette dans la cuisine. — Lécuyer, qui ne s'est aperçu de rien et qui tourne le dos à Chamouny, continue à polker.)

* Tronquette, Lécuyer, Artémise.
** Artémise, Lécuyer, Tronquette.

SCÈNE XIII

CHAMOUNY, LÉCUYER.

CHAMOUNY, le suivant en l'emboîtant.

Monsieur, voudriez-vous m'expliquer...

LÉCUYER, même jeu.

Pressez le mouvement.

CHAMOUNY, même jeu.*

Me direz-vous ce que vous faites ici?

LÉCUYER, même jeu.

Frappez la mesure... frappez!

CHAMOUNY.

Que je frappe!... tiens! (Il lui donne un coup de pied au derrière.)

LÉCUYER.

Ah! ah! c'est le mari! (Il se sauve par le fond.)

SCÈNE XIV

CHAMOUNY, puis TRONQUETTE, puis ARTÉMISE.

CHAMOUNY, appelant.

Tronquette! Tronquette!

TRONQUETTE, paraissant sur le seuil de la porte de la cuisine.**

Monsieur a besoin de moi?

CHAMOUNY.

Non, je n'ai plus besoin de toi... je te chasse!...

TRONQUETTE.

Me chasser?... Pourquoi-t'est-ce donc?

CHAMOUNY.

Je n'ai pas de comptes à vous rendre de mes pourquoi t'est-ce... Je vous chasse.

ARTÉMISE, entrant par la gauche.***

Et moi, Tronquette, je vous garde! allez!

CHAMOUNY.

Ah! c'est trop fort!... Sortez, domestique! (Tronquette rentre dans la cuisine.)

* Lécuyer, Chamouny.
** Tronquette, Chamouny.
*** Artémise, Tronquette, Chamouny.

SCÈNE XV

ARTÉMISE, CHAMOUNY, puis TRONQUETTE.

CHAMOUNY.

Et maintenant, à nous deux, madame!

ARTÉMISE.

Eh bien!... après? quoi? qu'est-ce?... à qui en avez-vous?

CHAMOUNY.

J'en ai... j'en ai... Il y a, madame, que depuis huit jours vos petits mystères, vos cachotteries, vos poids de cinquante livres... vous me trompez!...

ARTÉMISE.

Oh! Anatole!

CHAMOUNY.

Me direz-vous quel est cet homme qui cavalcadait tout à l'heure sur mon parquet?

ARTÉMISE.

Tu sauras tout... mais promets-moi de ne pas te fâcher.

CHAMOUNY.

Je me fâcherai si je veux... parlez!

ARTÉMISE.

Oh! bien... je m'ennuyais, quand j'étais seule, et alors, pour me distraire...

CHAMOUNY.

Assez, madame!... continuez...

ARTÉMISE.

J'ai eu un caprice... une fantaisie...

CHAMOUNY.

Hein? un caprice... une...

ARTÉMISE.

J'ai voulu apprendre à danser.

CHAMOUNY, respirant.

Ah!... tu as bien fait... Et ce monsieur?

ARTÉMISE.

C'est mon maître de danse... à trente-cinq sous l'heure.

CHAMOUNY.

Mais, malheureuse enfant, pourquoi ne m'avoir pas dit tout ça plus tôt.

ARTÉMISE.

Dame! à cause de la dépense.

CHAMOUNY.

Je m'en moque pas mal... si ça te fait plaisir.

ARTÉMISE.

Vraiment?... c'est que ce n'est pas tout... j'ai aussi un professeur de gymnastique à un franc vingt-cinq... et un maître d'armes à un franc cinquante... ce sont eux qui sont venus ce matin, pendant que vous étiez là...

CHAMOUNY.

Bah!... Oh!... Artémise, mon Artémise... Dis-moi que je suis un imbécile!

ARTÉMISE.

Oh! non!

CHAMOUNY.

Je t'en prie!... ça me fera plaisir... ajoute, que je suis un idiot.

ARTÉMISE.

Oh!

CHAMOUNY.

Ou plutôt non... ta main et pardonne-moi mes soupçons... figure-toi que je me figurais... que c'était un amant.

ARTÉMISE.

Oh! Anatole!... mais, si ça te contrarie, je vais le congédier, lui et les autres!

CHAMOUNY.

Du tout, au contraire... je veux que tu continues... la danse, la gymnastique... ça développe le corps... ça lui donne du ton... les Orientaux dansent beaucoup... Sapristi! que je suis donc fâché d'avoir insulté ton maître de danse!

ARTÉMISE.

Oh! il est sourd!

CHAMOUNY.

Ça ne fait rien... il m'a entendu... mais je lui ferai des excuses demain... Tronquette?

TRONQUETTE, *sortant de la cuisine.* *

Monsieur?

CHAMOUNY.

Défais ta malle, ma fille, je te garde.

TRONQUETTE.

Merci, monsieur.

CHAMOUNY.

Et quand ces messieurs viendront... tu sais, les professeurs de madame... ne te gêne plus, reçois-les devant moi.

* Artémise, Tronquette, Chamouny.

TRONQUETTE.

Vraiment, monsieur?

CHAMOUNY, allant à sa femme.*

Ma femme m'a tout dit... n'est-ce pas, bobonne? Et, comme je ne veux pas que tu payes tes professeurs sur tes économies... je vais...

ARTÉMISE.

Ah! mon ami!...

CHAMOUNY.

Je vais aller chercher dans mon secrétaire... un supplément pour tes fantaisies.

ARTÉMISE.

Mais...

CHAMOUNY.

Je le veux. (Il entre à gauche.)

SCÈNE XVI

ARTÉMISE, TRONQUETTE, puis FLAMICHEL; puis CHAMOUNY.

ARTÉMISE.

Est-il bon!

TRONQUETTE.

Ça c'est vrai!... monsieur est une vraie pâte!...

FLAMICHEL, un bouquet à la main, entrant par le fond. *

Madame... je vous avais dit que je reviendrais...

ARTÉMISE, à part.

Oh!

TRONQUETTE, à part.

Le jeune homme!

FLAMICHEL, s'approchant avec son bouquet.

Quand votre mari ne sera pas là... (Il offre son bouquet et il aperçoit Chamouny qui rentre.) Oh! (Il cache vivement le bouquet derrière lui.)

CHAMOUNY.**

Voilà, chère amie. (Il met un portefeuille dans la main de sa femme.) Hein? quel est ce monsieur?

TRONQUETTE et ARTÉMISE.

C'est... c'est...

* Artémise, Chamouny, Tronquette.
** Artémise, Flamichel, Tronquette.
*** Chamouny, Artémise, Flamichel, Tronquette.

FLAMICHEL.

Je vous dérange... je reviendrai...

CHAMOUNY*, frappé d'une idée et allant à lui.

Que je suis bête!.. restez donc, je vous prie... (A sa femme.) J'y suis... c'est un de tes professeurs.

ARTÉMISE.

Oui, oui, précisément!

TRONQUETTE, bas à Flamichel.

Ne dites rien. (Elle lui prend le bouquet, le porte sur la table et revient près de lui.)

FLAMICHEL, bas.

Bon!

CHAMOUNY.

La boxe!.. ou l'épée?..

FLAMICHEL.

Monsieur?...

TRONQUETTE, bas.

Taisez-vous donc...

CHAMOUNY.

Je veux dire... pratiquez-vous l'escrime ou la gymnastique?

ARTÉMISE.

Oui, mon ami, oui... la gymnastique et l'escrime!..

CHAMOUNY.

Ah! très-bien! (A Flamichel.) Je ne veux pas vous déranger... je vous laisse seul avec ma femme.

FLAMICHEL, à part.

Ah! bien!

ARTÉMISE, retenant son mari qui veut s'éloigner.

Mais, mon ami...

CHAMOUNY.

Tu veux que je reste? au fait, ça m'amusera de te voir prendre ta leçon... Voyons, commencez... (Il passe à gauche.)

FLAMICHEL, à part.**

Ah çà! mais je n'y suis pas du tout.

ARTÉMISE, à Chamouny.

C'est que je suis bien fatiguée.

FLAMICHEL.

Je reviendrai... je reviendrai! (Fausse sortie.)

CHAMOUNY, le retenant.***

Mais non... quelques minutes... allez-y. (Il va s'asseoir à droite. Tronquette passe à gauche.)

* Artémise, Chamouny, Flamichel, Tronquette.
** Chamouny, Artémise, Flamichel, Tronquette.
*** Artémise, Chamouny, Flamichel, Tronquette.

ARTÉMISE, bas à Flamichel.*

Vous voyez, monsieur... où vous conduit votre imprudence.

CHAMOUNY, assis.

Allons donc, commencez.

ARTÉMISE, passant près de Chamouny.**

Mais, mon ami, je t'assure...

CHAMOUNY.

Voyons, bobonne... Tronquette, donne les fleurets.

ARTÉMISE, vivement.

Non... pas l'escrime... mais la boxe... Tronquette, les gants!

TRONQUETTE.

Oui, madame. (Elle va au placard et y prend deux paires de gants de boxe.)

ARTÉMISE, à part.

Ah! monsieur Flamichel, vous avez besoin d'une leçon!

FLAMICHEL, bas à Artémise.

Permettez, madame...

ARTÉMISE.

Rassurez-vous, ça ne me fatiguera pas.

TRONQUETTE. ***

Voilà les gants! (Elle donne à Artémise et à Flamichel les gants de boxe.)

ARTÉMISE.

J'y suis. (Elle met les gants.)

CHAMOUNY.

Comme ça avantage la main! (Tronquette passe près de Chamouny.)

ARTÉMISE ****, à Flamichel, qui a mis ses gants de travers.

Posez-vous là. (A Chamouny.) Tu vas voir, mon ami.

CHAMOUNY, assis.

Ça m'amuse beaucoup.

FLAMICHEL, bas, à Artémise.

Je vous ferai observer...

ARTÉMISE, bas, à Flamichel.

Ne réflexionnons pas, ou je dis tout à mon mari... (Haut.) Voyons, en garde!

FLAMICHEL.

Mais, madame...

ARTÉMISE, boxant.

Une, deux... touché. (Elle frappe Flamichel.)

* Tronquette, Artémise, Flamichel, Chamouny.
** Tronquette, Flamichel, Artémise, Chamouny.
*** Flamichel, Tronquette, Artémise, Chamouny.
**** Flamichel, Artémise, Tronquette, Chamouny.

FLAMICHEL, criant et reculant à droite.

Aïe !

CHAMOUNY. *

C'est très-amusant.

ARTÉMISE, boxant et frappant toujours.

Ah ! ah !... à l'épaule !... ça y est !... Dans les reins !... ça y est !...

FLAMICHEL,** qui a crié pendant tout le temps de la boxe, allant tomber sur Chamouny.

Ouf ! je n'en puis plus ! (Tronquette prend les gants d'Artémise et va les remettre dans le placard.)

CHAMOUNY ***, se levant et allant à Artémise.

C'est un exercice charmant... je veux que monsieur vienne tous les jours.

ARTÉMISE.

Permettez !...

CHAMOUNY, à Flamichel.

C'est entendu... Vous viendrez dans la journée... (A Artémise.) Va te reposer, tu dois être fatiguée... Salue monsieur.

FLAMICHEL.

Madame... (Il salue.)

ENSEMBLE.

AIR du *Bal de la halle*.

CHAMOUNY.

Ça vous casse jambes et bras,
Mais il faut se soumettre, hélas !
Cet exercice si vanté
Te rendra jeunesse et beauté.

ARTÉMISE.

Que de soucis ! que de tracas !
Cachons-lui bien mon embarras ;
Mais, dès demain, c'est arrêté,
Je dis toute la vérité.

FLAMICHEL.

Plus de soucis, plus de tracas,
Le mari m'ouvre ses deux bras ;
Mais qu'il serait donc irrité
S'il apprenait la vérité !

(Artémise et Tronquette entrent à gauche, Flamichel sort par le fond en emportant les gants.)

SCÈNE XVII

CHAMOUNY puis DUTREMPLIN.

CHAMOUNY, seul.

Il emporte les gants. (Appelant au fond.) Monsieur !... mon-

* Artémise, Flamichel, Tronquette, Chamouny.
** Artemise, Tronquette, Flamichel, Chamouny.
*** Tronquette, Artémise, Chamouny, Flamichel.

sieur !... vous emportez... (Apercevant le bouquet et le prenant.) Et puis, vous oubliez un bouquet... (Redescendant.) Parti !... Je le lui rendrai tantôt. (Le flairant.) Il sent bon !... Tiens... un billet... (Lisant.) « Bel ange, je vous aime, je vous aime, je t'aime... *amor per la vita...* » Oh ! mon Dieu ! ce professeur était un amant !... (Il jette le bouquet.) Et ma femme? Elle me trompait... J'aurais dû m'en douter... Son trouble, son embarras en me débitant cette histoire de professeurs... C'est comme ce maître de danse... Ce mauvais cabrioleur... Que je suis donc fâché de n'avoir pas tapé plus fort... (S'asseyant à droite.) Et celui-là que j'ai invité à revenir... Ah ! si jamais il m'en retombe un sous la main !

DUTREMPLIN *, il est sorti de la cuisine sans voir Chamouny caché par le fauteuil.

Personne dans la cuisine !... (Allant à la porte à gauche.) Voyons un peu par là.

CHAMOUNY.

J'amène soixante !

DUTREMPLIN, frappant à la porte de gauche.

C'est moi !

CHAMOUNY, le voyant et se levant.

Encore un !...

DUTREMPLIN, à la porte.

Que vous m'avez dit de revenir plus tard...

CHAMOUNY.

Celui-là va payer pour tous ! (Il se montre.) Ah ! gredin !

DUTREMPLIN, se retournant.

Un bourgeois !

CHAMOUNY, allant à la fenêtre.

C'est toi qui troubles mon bonheur !

DUTREMPLIN, à part.

Son bonheur !... Que je devine... Habillé de gris... C'est le petit fort de la halle, dont duquel la lettre parlait.

CHAMOUNY, s'avançant vers Dutremplin.

Tu vois cette fenêtre ? Eh bien ! (Le reconnaissant.—A part.) Ah ! mon Dieu !... C'est mon homme de Saint-Cloud !...

DUTREMPLIN, lui donnant une poussée.

Que vous êtes fort, vous !

CHAMOUNY, tremblant.

Un gaillard qui amène cinq cents.

DUTREMPLIN **, le poussant et le faisant passer à gauche.

Que je ne vous dis qu'un mot... Que je l'aime et qu'elle me plaît !

* Dutremplin, Chamouny.
** Chamouny, Dutremplin.

CHAMOUNY.

Monsieur !...

DUTREMPLIN, le poussant toujours.

Que, depuis trois mois, je la cultive... Et qu'il me la faut à moi tout seul, entendez-vous ?

CHAMOUNY.

Permettez...

DUTREMPLIN, lui serrant le poignet.

Que je pourrais vous casser en cinq cent mille morceaux... Mais je ne veux pas la compromettre dans la maison qu'elle habite.

CHAMOUNY.

Mais cependant...

DUTREMPLIN, le saisissant

Que je vais te flanquer par la fenêtre... (Il l'enlève).

CHAMOUNY, criant.

Au secours... A l'assassin. (Artémise et Tronquette entrent vivement par la gauche).

ENSEMBLE.*

AIR du *Roi des drôles* (J. Nargeot).

DUTREMPLIN.	CHAMOUNY.
Vainement il espère Obtenir du secours... Je veux, dans ma colère, Mettre fin à ses jours !	Calmez votre colère ! Grâce ! pitié ! secours ! Ecoutez ma prière Et respectez mes jours !

ARTÉMISE et TRONQUETTE.

Pourquoi tant de colère ?
Grâce ! pitié ! secours !
Ecoutez sa prière
Et respectez ses jours !

(Tronquette retient Dutremplin, pendant qu'Artémise cherche à dégager son mari.)

SCÈNE XVIII

ARTÉMISE, CHAMOUNY, DUTREMPLIN, TRONQUETTE.

ARTÉMISE, arrachant Chamouny à Dutremplin.

Voulez-vous bien lâcher mon mari !...

DUTREMPLIN, lâchant Chamouny.

Son mari !...

TRONQUETTE.

Sans doute... le bourgeois.

* Artémise, Chamouny, Dutremplin, Tronquette.

DUTREMPLIN.

Que je le prenais pour le petit fort de la halle...

CHAMOUNY, se rajustant..

Il m'étranglait...

ARTÉMISE.

Je crois bien.., un hercule !...

DUTREMPLIN.

Le professeur de gymnastique de madame...

CHAMOUNY.

Professeur... professeur... Je la connais celle-là...

DUTREMPLIN.

Que vous en doutez.

ARTÉMISE, à Chamouny.

Je te jure...

CHAMOUNY.

Très-bien... Mais me soutiendrez-vous que le grand jeune homme de ce matin ?...

ARTÉMISE, à part.

Aïe !... Aïe !... (Haut et embarrassée.) Le grand jeune homme ?...

CHAMOUNY.

Qui vous écrit : « Bel ange... je t'aime... *amor*... » (Il montre la lettre.) Vous ne répondez pas... Madame, je vais verser ma plainte dans le sein de mon avoué, et une bonne séparation.

ARTÉMISE, le retenant.

Anatole !

TRONQUETTE, passant près de Chamouny.*

Eh bien ! monsieur, je vais tout vous dire. (Bas à Dutremplin.) C'est pour la sauver... (Haut.) Ce jeune homme... c'est à moi qu'il fait la cour.

DUTREMPLIN.

Cré mille bombes !

TRONQUETTE, bas à Dutremplin.

Taisez-vous donc !

ARTÉMISE.

Pas de dévouement inutile... J'aime mieux dire la vérité... C'est à moi qu'il écrivait.

TRONQUETTE, faisant des signes à Artémise.

Mais non !

ARTÉMISE.

Mais si !

* Artémise, Chamouny, Tronquette, Dutremplin.

DUTREMPLIN.

Que j'en conclus que c'est à toutes les deusses... Et que si jamais cet oiseau là me tombe sous la patte...

SCÈNE XIX

LES MÊMES, FLAMICHEL.

FLAMICHEL, entrant par le fond.*

Monsieur, je reviens, et...

CHAMOUNY.

C'est lui!

DUTREMPLIN.

Que je vas lui régler son affaire... (Il retrousse ses manches.)

ARTÉMISE.

Monsieur Dutremplin... chez moi!...

CHAMOUNY.

Pardon... c'est moi que cela regarde! (Il retrousse ses manches.)

FLAMICHEL, effrayé.

Quoi donc?

ARTÉMISE.

Du tout... (Elle fait passer Chamouny à gauche.)

DUTREMPLIN, passant près de Flamichel.**

Pardon!... ce bébé m'appartient et que je me l'emporte. (Il saisit Flamichel et le met sur son épaule.)

FLAMICHEL, se débattant.

Mais, monsieur... hein? Quoi! je ne vous connais pas!

DUTREMPLIN.

Que nous allons faire connaissance dehors! (Il sort par le fond emportant Flamichel.)

TRONQUETTE. ***

Ah! m'en v'là débarrassée!

CHAMOUNY.

Quoi... c'était donc réellement pour toi?

TRONQUETTE.

Certainement monsieur, seulement devant monsieur Dutremplin, mon futur.

* Artémise, Chamouny, Flamichel, Tronquette, Dutremplin.
** Chamouny, Artémise, Flamichel, Dutremplin, Tronquette.
*** Chamouny, Artémise, Tronquette.

CHAMOUNY.

Compris! ah! que ça me fait du bien... (à Artémise) si tu savais comme, depuis huit jours, la jalousie me faisait maigrir!

ARTÉMISE.

Comment! la jalousie fait donc...

CHAMOUNY.

Sans doute.

ARTÉMISE.

Monsieur Chamouny... je ne vous quitterai plus! monsieur Chamouny, je veux me rendre compte de votre conduite passée, présente et future! (Chamouny recule.) Oh! la jalousie! en effet!... ça ronge... ça mine... ça fait maigrir!

CHAMOUNY.

Tu veux donc maigrir?

TRONQUETTE.

Mais oui, monsieur, c'est pour ça que madame mangeait des cornichons...

CHAMOUNY, à Artémise.

Mais je te le défends.

ARTÉMISE.

Pourquoi?

CHAMOUNY.

Comment!... pourquoi?... Mais parce que tu es superbe comme ça... l'embonpoint, mais c'est la seconde jeunesse de la femme, disent les Orientaux, qui s'y connaissent... et je suis de leur opinion.

ARTÉMISE.

Cependant... autrefois...

CHAMOUNY.

Autrefois... autrefois... je n'avais pas été en Orient...

DUTREMPLIN, rentrant par le fond.

Que je viens de lui faire prendre un bain sous la pompe qui l'aura calmé (bas à Tronquette), qu'il m'a tout dit, et qu'il paraît que c'est la bourgoise...*

TRONQUETTE, bas.

Chut!

DUTREMPLIN, bas.

Fectivement... (Haut.) Et que je vous offre ma main...

TRONQUETTE.

J'accepte!

ARTÉMISE.

Tronquette?...

* Chamouny, Artémise, Dutremplin, Tronquette.

DUTREMPLIN.

Madame?... (Tronquette passe près d'Artémise.)

ARTÉMISE. *

Vous irez acheter le dîner.

TRONQUETTE.

Oui, madame.

ARTÉMISE

Des biftecks.

CHAMOUNY.

Aux pommes de terre.

ARTÉMISE.

Un perdreau.

CHAMOUNY.

Aux truffes...

ARTÉMISE.

Et vous nous ferez un gâteau de riz.

DUTREMPLIN.

Que tout ça pousse terriblement à l'embonpoint.

CHAMOUNY.

Tant mieux... moi, d'abord, j'aime la femme potelée...

ARTÉMISE.

Ah! ce mot me plaît...

CHAMOUNY.

La femme replète...

ARTÉMISE.

Ce mot me replaît encore.

DUTREMPLIN.

Et que vous avez raison, Chamouski...

TRONQUETTE.

Chamouny.

DUTREMPLIN.

Ça ne fait rien... parce que la femme potelée... Enfin suffit... nous nous comprenons.

CHAMOUNY.

Il n'y a que ça, Dutremplin!

DUTREMPLIN.

Il n'y a que ça, Anatole!

CHAMOUNY.

Avec ça qu'elles sont jolies, les Françaises... Des femmes qui ont été obligées d'inventer la crinoline...

* Chamouny, Artémise, Tronquette, Dutremplin.

ARTÉMISE, vivement.

Je n'en porte pas.

CHAMOUNY, bas à Artémise.

Je sais bien... Et ce qui me fait plaisir... c'est que tu as l'air d'en porter.

ENSEMBLE.

AIR : *Refrain de la ronde des pince-nez* (J. Nargeot).

Désormais, entre nous,
Jamais aucun soupçon jaloux,
Le calme est revenu,
Et le bonheur nous est rendu.

CHAMOUNY.

AIR de *la Vieille.*

Je fus soupçonneux, irascible,
Mais je connus la vérité...

ARTÉMISE.

Moi, je voudrais, créature sensible,
Pouvoir conserver ma santé.

CHAMOUNY.

Je veux te voir, créature sensible,
Conserver toujours ta santé;
Ton embonpoint, c'est ta beauté !
(Au public.)
Vous le savez, le moindre bruit altère
De deux époux le paisible avenir...
Epargnez donc, messieurs, ma ménagère...
(En confidence.)
Elle possède un fichu caractère.
Soyez galants... un rien pourrait l'aigrir.

ARTÉMISE, au public.

Rassurez-vous !... je ne veux plus maigrir.

TOUS.

Soyez galants, un rien pourrait l'aigrir...
Et cependant ell' ne veut plus maigrir.

REPRISE DU CHOEUR.

Désormais, entre nous, etc.

FIN

Paris. — Imp. de la LIBRAIRIE NOUVELLE. — A. Bourdilliat, 15, rue Breda.

NOUVELLE BIBLIOTHEQUE THÉATRALE

Choix de Pièces nouvelles, format in-12

GEORGE SAND

Maître Favilla, drame, 3 actes . . 1 50
Lucie, comédie en un acte . . . . 1 »
Comme il vous plaira, comédie en trois actes et en prose. 1 50
Françoise, comédie en quatre actes 2 »

MADAME ÉMILE DE GIRARDIN

L'Ecole des Journalistes, 5 actes. 1 »
Judith, tragédie en trois actes . . . 1 »

EMILE DE GIRARDIN

La Fille du Millionnaire, 5 actes 2 »

L. LURINE ET R. DESLANDES

L'Amant aux bouquets, com. 1 acte. » 50
Les Femmes peintes par elles-mêmes, comédie en un acte . . . » 50
Le Camp des Révoltées, un acte . » 50

MADAME ROGER DE BEAUVOIR

Le Coin du feu, comédie en un acte. » 50

A. MONNIER ET ED. MARTIN

Madame d'Ormessan, s'il vous plait? com. en un acte mêlée de couplets. » 50
Le Monsieur en question, comédie en un acte, mêlée de couplets. . . 50

JULES LECOMTE

Le Luxe, comédie en 3 actes. . . . 2 »
Le Collier, comédie en un acte . . » 50

CLAIRVILLE, LUBIZE ET SIRAUDIN

La Bourse au village, un acte. . » 50

H. MONNIER ET J. RENOULT

Peintres et Bourgeois, comédie en trois actes et en vers. 1 50

ADRIEN DECOURCELLE

Les Amours forcés, en trois actes. 1 »

MÉRY

Maître Wolfram, opéra-comique en un acte, musique de M. Reyer . » 50

LÉON GUILLARD

Le Mariage a l'arquebuse, comédie en un acte. . . . . 1 »

LÉON GUILLARD ET ACHILLE BÉZIER

La Statuette d'un grand homme, comédie en un acte. . . . . 1 »

L. BEAUVALLET ET A. DE JALLAIS

Le Guetteur de nuit, opérette-bouffe en un acte . . . . » 50

MICHEL DELAPORTE

Toinette et son Carabinier. . . . » 50

L. GUILLARD ET A. DESVIGNES.

Le Médecin de l'ame, dr. 5 actes . 1 »

A. DECOURCELLE, H. DE LACRETEL

Fais ce que dois, drame, 3 actes. 1

HECTOR CRÉMIEUX

Le Financier et le Savetier, opérette-bouffe en un acte. . . . . . . »

DECOURCELLE ET L. THIBOUST

Un tyran domestique, vaud. un acte »

LAURENCIN ET LUBIZE

Obliger est si doux!... comédie mêlée de couplets en un acte. . . . . »

ARNOULD FREMY

La Réclame, comédie en cinq actes. 1

LUBIZE ET HERMANT

Le Secret de ma Femme, vaud. 1 acte » 50

LABICHE ET DELACOUR

En avant les Chinois, revue de 1858 1 »

LABICHE ET LEFRANC

L'avocat d'un Grec, com. un acte » 50

CHOLER, LAPOINTE ET COLLIOT

Les deux Maniaques, com.-vand. » 50

H. CHIVOT ET A. DURU

Bloqué!... vaudeville en un acte... » 50

E. LABICHE ET ED. MARTIN

L'Amour, un fort volume, prix 3,50, parodie mêlée de couplets en un acte 1

RAYMOND DESLANDES ET E. MOREAU

Un truc de mari, vaud. un acte. . » 60

MARC MICHEL ET SIRAUDIN

Les suites d'un bal masqué, folie-vaudeville en un acte. . . . . » 60

AMÉDÉE ACHARD

Le Jeu de Sylvia, com. un acte. . » 60

AUGUSTE VACQUERIE

Souvent Homme varie, com. 2 act. 1 50

MARIO UCHARD

La seconde Jeunesse, com. 4 actes. 2 »

SIRAUDIN ET AD. CHOLER

Amoureux de la Bourgeoise, vaud. en un acte. . . . . » 60

A. BOURDOIS ET A. LAPOINTE

Les Dames de Cœur-Volant, opéra-bouffe en un acte. . . . . » 60

RENÉ DE ROVIGO

Un Soufflet anonyme, com. 1 acte. » 60

LE COMTE SOLLOHUB

Une Preuve d'Amitié, com. 3 actes. 1 50

ANGE DE KERANIOU

Noblesse oblige, com. en 5 actes . . 2 »

Paris. — Imp. de la Librairie Nouvelle. — A. Bourdilliat, 15, rue Breda.

www.ingramcontent.com/pod-product-compliance
Ingram Content Group UK Ltd.
Pitfield, Milton Keynes, MK11 3LW, UK
UKHW021318190726
13839UKWH00007B/1984